AMENOPHIS,

TRAGÉDIE

Repréſentée pour la premiere fois par les Comédiens
François, ordinaires du Roi, le 12 Novemb. 1752.

Le prix eſt de 30 ſols.

A PARIS,

Chez P R A U L T Fils, Libraire, Quay de Conty,
vis-à-vis la deſcente du Pont-Neuf, à la Charité.

M. DCC. LVIII.

Avec Approbation & Privilége du Roi.

PRÉFACE.

CETTE Piéce fût affez mal reçüe à la première Repréfentation, fans être néanmoins profcrite : il y eut même dans tous les Actes des morceaux fort applaudis. Je confultai mes Amis fur le parti que je prendrois de la retirer ou de la laiffer; les avis fûrent partagés : je choifis le plus rigoureux, quoique contraire au mien. Depuis, les Comédiens ont paru défirer que je la redonnaffe ; plufieurs d'entr'eux m'ont fait à ce fujet des inftances : cela m'a engagé à retoucher l'Ouvrage ; j'y ait fait des changemens confidérables, & qui je crois, l'ont amélioté· C'eft ainfi, du moins, qu'en a penfé l'Actrice éminente, qui fupérieurement

A. ij

douée de fentiment & d'intelligence, ne
juge pas moins bien d'après fon efprit, que
d'après fon cœur. J'aurois donc pû redon-
ner AMÉNOPHIS ; mais il a paru depuis
plufieurs Piéces qui ont des reffemblan-
ces avec elle , & ce qui étoit nouveau
lorfque je donnai la mienne ne l'auroit
plus été , & auroit pû par-là manquer fon
effet. Tel eft en particulier mon dénoue-
ment , qui auroit paru une imitation de
celui d'ADELE , quoiqu'AMÉNOPHIS lui
foit antérieure de plufieurs années. J'en
avois même donné un extrait dans le
Mercure de Janvier 1753 , ce que je dis
uniquement pour conftater mes droits,
rendant d'ailleurs juftice aux talens de M.
de la Place , & convenant de bonne-foi ,
qu'il a pû aifément imaginer ce que j'a-
vois imaginé moi-même. Voilà ce qui m'a

empêché de rifquer de nouveau ma Piéce
au Théâtre. N'eſt-ce pas hazarder beaucoup encore que de la faire imprimer ?
Je l'avoue, mais l'amour-propre eſt un
grand féducteur, & quelque modeſte opi-
nion qu'on ait de foi-même, un Auteur
finit toujours par l'en croire.

ACTEURS
DE LA TRAGÉDIE.

AMÉNOPHIS, *Héritier du Trône de Memphis.*

ARTHÉSIS, *Fille de Menes , Roi d'Hécatompyle.*

SOSIS, *Frere de l'Ufurpateur du Trône de Memphis.*

NEPHTÉ, *Femme de la Cour , d'une naiffance illuftre.*

LE GRAND-PRESTRE D'ISIS, ET DEUX DE SES COLLÉGUES.

RAMESSES, *attaché à Sofis, mais dévoué en fecret à Aménophis.*

IPHISE, *Suivante d'Arthéfis ,*

PALMIS, *Suivante de Nephté.*

UN OFFICIER.

GARDES.

La Scene eft à Memphis dans le Palais des Rois.

AMÉNOPHIS,
TRAGÉDIE.

ACTE PREMIER.

SCENE PREMIERE.
ARTHÉSIS, IPHISE.

IPHISIS.

E H quoi! lorſque la Paix à Memphis de
  retour,
Pour votre auguſte Hymen a marqué ce
  grand jour,
Par nos mains, malgré vous, pompeuſement parée
En victime à l'Autel vous marchés éplorée

A iv

Madame, ah ! que je plains l'état où je vous voi !
On lit dans vos regards & l'horreur & l'eftroi ;
Une pâleur mortelle obfcurcit tous vos charmes,
Le voile de l'Hymen eft trempé de vos larmes

ARTHÉSIS.

Plût au Ciel que ce fût le voile de la Mort ?
Qu'a donc fait Arthéfis pour mériter fon fort
Dieux juftes, dont la main s'appéfantit fur elle ?

IPHISE.

Eh quels font vos malheurs ? Pardonnez à mon zèle,
Votre Pere Ménés par un heureux traité
Recouvre fes Etats avec fa liberté.
Captive d'Amafis par le pouvoir des armes
Celui de la Beauté le foumet à vos charmes,
Nephté que fur fon Trône il devoit faire affeoir,
Se voit ravir par vous un fi flatteur efpoir,
Nephté, quoique fujette eft d'une illuftre race,
Par des difcours remplis d'une infolente audace
Elle a fait éclatter fon défefpoir jaloux,
Amafis veut qu'ici tombant à vos genoux
Le front couvert de honte & le cœur plein de rage
Elle vienne humblement expier cet outrage,
Enfin il vous époufe, il eft Roi.

ARTHÉSIS.

Lui, grands Dieux,

Lui Roi ! je ne connois qu'un Tyran dans ces lieux,
Un Monftre, qui du Thrône ufurpateur perfide,
A porté fur fon Maître une main parricide,
Meurtrier d'Apriés, fes droits font fes fureurs
Il m'époufe & tu peux demander mes malheurs !
Tu n'en vois cependant qu'une foible partie ;
Connois donc tout mon fort, vois-en la barbarie,
C'eft la main du Tyran qui t'a donnée à moi,
Mais....

IPHISE.

N'en comptez pas moins, Madame, fur ma foi.

ARTHÉSIS.

Ah ! de mes fentimens je ne fais point myftere,
Et tu n'apprendras rien que je t'oblige à taire :
Tout ce que j'adorois, Iphife, eft au tombeau,
Aménophis n'eft plus, j'époufe fon bourreau.

IPHISE.

Ah ! je ne blâme plus l'ennui qui vous dévore,
Tout Memphis en fecret pleure fa perte encore,
Et puifqu'il vous fût cher, ce Prince infortuné.

ARTHÉSIS.

Hélas ! prefque avec nous cet amour étoit né ;
Tu fais qu'Aménophis commençoit fa carriere,
Quand des droits les plus faints franchiffant la
barriere,

Amafis, qui de loin préparoit l'attentat,
Du feu de la révolte embrafa cet Etat,
Qu'Apriés envoya cet enfant chez mon Pere,
Qu'ayant fauvé, du moins une tête fi chere,
Ce Roi dans un combat pris par fes ennemis,
Enfanglanta le Trône où les Dieux l'avoient mis.

IPHISE.

Je fais que pourfuivant le Prince en fon azyle,
Le Frere d'Amafis vînt dans Hécatompyle,
Que teint du fang du Pere, il reclama le Fils,
Qu'à la Cour de Ménès l'audacieux Sofis
Ofa même employer jufques à la menace ;
Et qu'un jufte mépris confondit fon audace.

ARTHÉSIS.

Quel indigne Monarque eut pû trahir les droits
D'un Prince dont la caufe étoit celle des Rois,
Et qui de tout cœur noble, éxigeant l'affiftance
Faifoit parler pour lui le malheur & l'enfance ?
Si-tôt qu'Aménophis pût connaître fon fort,
Son cœur fe propofa la vengeance ou la mort ;
Ce fentiment en lui crût encor avec l'âge,
C'eft par-là qu'il me plût ; j'admirai fon courage ;
Je lui plûs à mon tour, non par de vains attraits,
L'Amour contre tous deux s'arma des mêmes traits.
Iphife & dans nos cœurs s'il alluma fes flâmes,
C'eft au feu dont la gloire embrafoit nos deux ames.

IPHISE.

Mais le Roi, votre Pere......

ARTHÉSIS.

Il approuva nos feux.

IPHISE.

Quoi ! d'un Prince sans trône autorisant les vœux...

ARTHÉSIS.

Iphise, il n'appartient qu'à des ames communes
De peser les mortels au poids de leurs fortunes.
Mes sentimens pour lui n'étoient pas combattus,
Il n'avoit point de trône, il avoit des vertus :
C'est au sort irrité qu'il les devoit peut-être,
Il connut le malheur avant de se connaître :
Rarement on est grand au faîte des grandeurs,
A la Cour de son Pere, entouré de flatteurs,
Et trop sûr de monter au rang de ses Ancêtres,
L'orgueil & la molesse auroient été ses maîtres ;
Mais le sort pour tout bien lui laissant le danger
D'un Trône à conquérir, & d'un Pere à vanger,
A toutes les vertus on exerça son ame ;
De l'amour de la gloire on y porta la flâme,
On endurcit son corps aux plus rudes travaux
Du Prince on fit un homme & de l'homme un
Héros.

IPHISE.

Je fais que de fa vie à jamais illuftrée,
Mille exploits ont rempli la trop courte durée.

ARTHÉSIS.

Hélas ! il n'a que trop écouté fon grand cœur :
Jour affreux où le nombre accablant la valeur
Sous les drapeaux du crime entraîna la victoire !
Aménophis vaincu perdit tout, hors la gloire :
Mais qui peut des Deftins changer l'ordre éternel ?
Tandis que de mes vœux je fatiguois le Ciel,
Au pied de nos autels jour & nuit profternée,
Malheureufe ! j'appris qu'en la même journée,
Mon Pere & mon Amant avoient été vainçus,
Que l'un étoit captif & l'autre n'étoit plus.
A ce récit affreux, à ce coup fi terrible
A force de fentir je devins infenfible ;
Mais de mon défefpoir fans te peindre l'horreur,
Toute l'Egypte a vû ce qu'ofa ma fureur,
Et le trifte fuccès de ma vaine entreprife.

IPHISE.

L'Univers l'admira : le Nil avec furprife,
Vous vît faifant mouvoir cent bataillons nouveaux
Sur fa rive fanglante arborer vos drapeaux,
Du fexe dépouillant la timide foiblefle,
Il vous vit en Héros transformer la Princeffe,

Vous revêtir de fer, en armer votre bras,
Du feu de votre ardeur animer les soldats;
Et les guidant vous-même au chemin de la gloire,
Attaquer Amasis au sein de la victoire.

ARTHÉSIS.

Vains efforts! mais à quoi n'ont pas dû m'engager,
Un Pere dans les fers, un Amant à vanger?
Mon cœur s'applaudissoit que suivant notre usage
Aux travaux de Diane exerçant mon jeune age,
On m'eût instruite à suivre & percer de mes traits
Les Monstres redoutés qu'enferment nos forêts.
Ciel! eh que ne pouvois-je à toute mon armée
Inspirer la fureur dont j'étois animée!
Mais du soldat nouveau les pas mal affermis
S'arrêtent à l'aspect des drapeaux ennemis,
Les bataillons flôtans s'ébranlent & s'étonnent
Je m'avance à leur front, les lâches m'abandonnent:
Amasis, cependant, a frappé mes regards;
Je fonds sur ce Perfide à travers mille dards,
Le cruel me désarme & brave ma colere.
Ciel! tu me reservois au malheur de lui plaire....
Et je puis me resoudre à lui donner ma foi!...
Un horrible devoir m'en impose la loi,
O mon Pere pardonne à cette infortunée,
Si contrainte à subir cet affreux himenée,

Mon cœur gémit du prix que lui coûtent tes jours;
Toi qui des tiens, cher Prince, as terminé le cours,
Toi qui n'es plus qu'une ombre & dont la voix
    plaintive
Accuse ton Amante à te suivre tardive,
Pardonne, Aménophis, si je trahis ma foi,
Mon Pere alloit périr, son salut est ma loi,
Et l'intérêt sacré des droits de la nature,
De tout autre intérêt étouffant le murmure,
Je dois, malgré mon cœur, vainement combattu,
Epouser un Tyran par effort de vertu.

IPHISE.

Ah! votre désespoir n'est que trop légitime,
Madame, eh que ne peut le zèle qui m'anime!...
Mais Ramesses paraît & s'avance en ces lieux.

SCENE II.

ARTHÉSIS, RAMESSES, IPHISE.

RAMESSES.

Madame, pardonnez si je m'offre à vos yeux,
Et si dans la douleur dont mon ame est atteinte
Mon respect ose faire éclater quelque plainte:

Au frere d'Amasis on me voit attaché,
Mais vous n'ignorez pas quel intérêt caché
M'a fait à ses regards étaler un faux zèle,
Qu'Aménophis n'eût point de sujet plus fidéle,
Qu'à mes Rois dévoué je parus les trahir...

ARTHÉSIS.

Un service important dont tu sçûs l'éblouir,
T'a gagné de Sosis toute la confiance,
Je le sais, & sur toi fondant son espérance,
Le Prince attendoit tout de ta fidélité.

RAMESSES.

Que pour la signaler mon sang m'eût peu coûté!
Mais, Madame, il n'est plus, quelle horreur se
   prépare,
Tout fumant de son sang, se peut-il qu'un Barbare
En pompe nuptiale ait changé votre deüil,
Et que de votre Amant éclairant le cercueil,
Les flambeaux de l'Hymen.....

ARTHÉSIS.

              Arrête..... cette image
Ne m'est que trop présente & glace mon courage,
Cruel. Ah! de quel trait viens-tu percer mon cœur!
Vas, je ne sens que trop l'excès de mon malheur.

RAMESSES.

Mais ce que vous devez au Prince, à fa mémoire;
Et j'ofe dire encore, à votre propre gloire;
Vous ne le fentez pas, Madame,... Ah ! j'en frémis,
Quoi des mânes fi chers feront par vous trahis !
Au fond du cœur envain il vous criront vangeance.

ARTHÉSIS.

Eh, tu ne fais donc pas toute ma réfiftance,
Et jufqu'à quel excès le Tyran s'eft porté?

RAMESSES.

Et que peut un Tyran fur la ftabilité
Qu'oppofe à fes fureurs une ame grande & forte ?
Qui fait mourir le brave.... excufez, je m'em-
porte.

ARTHÉSIS.

Eh! me plaindrois-je, hélas! fi je pouvois mourir;
Connois donc Amafis : ton Pere va périr,
M'a-t'il dit : vois le fer fufpendu fur fa tête,
Vois aux mains des foldats la flamme toute prête;
Ni prieres, ni pleurs, ne pourront me toucher;
Je vais de ton pays faire un vafte bucher,
Et de fleuves de fang en arrofer la cendre.

RAMESSES.

RAMESSES.

Quel Monstre, juste Ciel !

ARTHÉSIS.

Il a fallu me rendre....

RAMESSES.

Je vous offre mon bras : faut-il verser son sang
A la face des Dieux qui souffrent ce Tyran,
Au pied de l'Autel même où vous attend le Traître?
Ramesses ne vivoit que pour vanger son Maître,
Et je mourrai content....

ARTHESIS.

Tu te perdrois envain :
Héritier du Tyran, Sosis plus inhumain,
Vangeroit sur Ménès le meurtre de son Frere,
Cet hymen est affreux, mais il est nécessaire,
Et je vais subissant les horreurs de mon sort
Me traîner à l'Autel en invoquant la mort.

RAMESSES.

On ouvre.... C'est Nephté.

SCENE III.

ARTHÉSIS, NEPHTÉ, RAMESSES, IPHISE, PALMIS.

NEPHTÉ *à part.*

QUEL horrible supplice,
Ciel! faut-il jusques-là que Nephté s'avilisse!
(*à Arthésis.*)
On l'ordonne, Madame, il faut qu'à vos genoux
Je vienne....

ARTHÉSIS.

C'en est trop, Madame, levez vous :
Moi-même je rougis de vous voir si confuse,
Qui n'est point offensé n'a pas besoin d'excuse :
O des tristes mortels sort digne de pitié !
Souvent le plus à plaindre est le plus envié ;
Oui, cet Epoux, ce Trône où tous vos vœux aspi-
        rent,
Ce n'est que de l'horreur, Madame, qu'ils m'ins-
        pirent,
Hélas ! & plut au Ciel, témoin de mon effroi,
Que la tombe s'ouvrit entre ce trône & moi !

(*Elle sort.*)

NEPHTÉ *à Ramesses.*

Que fait Sofis ? vas, cours, fers mon impatience,
Vas, dis-lui que Nephté defire fa préfence.

SCENE IV.

NEPHTÉ, PALMIS.

NEPHTÉ.

A Cette indignité j'ai donc pû m'abbaiffer !
Quel opprobre cruel ! le fang va l'effacer,
Ce jour a vû ma honte, il verra ma vengeance.

PALMIS.

Quel projet....
NEPHTÉ.

Tu pris foin d'élever mon enfance,
Mon cœur te fut ouvert, tu connais fa fierté,
Le perfide Amafis ofe trahir Nephté,
Et pouffant jufqu'au bout fa trahifon fatale,
Me force de tomber aux pieds de ma Rivale :
Et Palmis peut penfer que d'un pareil affront
La honte impunément aura rougi mon front,
Et qu'à refter fujette, abbaiffant mon courage,
En regrets impuiffans j'exhalerai ma rage !

B ij

PALMIS.

Mais si c'est malgré lui qu'Amasis est ingrat,
S'il fait céder l'amour à la raison d'état.
Si la paix est le sceau de ce grand himenée.

NEPHTÉ.

Non, non, quand il trahit la foi qu'il m'a donnée,
Il ne fait de son cœur que suivre les transports,
Ménès est dans les fers, le Prince est chez les morts,
Sa tombe a renfermé le flambeau de la guerre,
Amasis à son gré pouvoit calmer la terre ;
Mais, Palmis, après tout, qu'importe à ma fureur !
J'en voulois à son trône & non pas à son cœur,
Et lorsque sur ce trône une autre est élevée. . . .
Une autre ! . . . Ah ! dans son sang cette injure
        lavée. . . .
Oui, tout le mien est prêt, s'il le faut, à couler,
Mais dumoins. . . .

PALMIS.

            Juste Ciel ! vous me faites trembler,
De frayeur pour vos jours vous me voyez saisie.

NEPHTÉ.

Pour mes jours ! sans un trône, eh, qu'est - ce que
        la vie ?
Mais que ton foible cœur cesse de s'allarmer,
Et sache que Sosis. . . .

PALMIS.

                              Il a fû vous charmer;
Avouez-le, Madame, & fi Nephté conspire,
C'eſt pour lui....

NEPHTÉ.

        Non, fur moi, l'Amour n'a point d'empire;
Mon ame toute entiere eſt à l'ambition
Un cœur peut-il avoir plus d'une paſſion ?
Qu'un ſexe qui du notre accuſe la foibleſſe,
De ce vil ſentiment éprouve la moleſſe,
Que changeant leur maſſue en de frêles fuſeaux,
L'Amour borne à ſon gré la courſe des Héros,
Entre le trône & lui Sofis n'a que ſon frere,
C'eſt par-là ſeulement qu'il a droit de me plaire;
Heureux pour s'élever à ce ſuprême rang
De n'avoir à verſer qu'une goûte de ſang,
Que le ſort à ſes coups n'offre qu'une victime,
Et qu'un ſceptre, en un mot, ne nous coûte qu'un
    crime.

PALMIS.

Qu'un crime ! eh , votre cœur n'eſt pas épouvan-
té....

NEPHTÉ.

Quand par un crime heureux un ſceptre eſt acheté,
Qui monte ſur le trône y trouve ſon refuge :
Il n'eſt plus de forfait quand il n'eſt plus de Juge.

                                        B iij

PALMIS.

Madame , il en eſt un dont relevent les Rois ,
Tous mortels ſont par lui peſés au même poids ,
Dans le cœur de l'injuſte il grava la juſtice ,
Et le crime içi bas a déja ſon ſupplice ,
Mais duſſiez-vous braver le remords & les Dieux ,
Tremblez qu'à votre exemple un autre ambitieux...

NEPHTÉ.

Non , il eſt peu , crois-moi , de ces ames hardies ,
Qui dans un grand deſſein comptent pour rien
   leurs vies ,
Et ſavent joindre encore au courage d'oſer ,
L'eſprit de tout prévoir & de tout diſpoſer ,
De qui l'activité par l'obſtacle redouble ,
Qu'aucun des coups du ſort ne ſurprend & ne trou-
   ble ,
Que n'émeut la pitié , le remords , ni l'effroi ,
De ces grands cœurs , enfin, nés pour donner la loi.

PALMIS.

Mais......
NEPHTÉ.

Qu'aujourd'hui Nephté ſe vange, & qu'elle regne,
Le ſort le plus affreux n'aura rien qu'elle craigne ,
Soſis tarde beaucoup.
PALMIS.
Madame , je le voi.

SCENE V.

SOSIS, NEPHTÉ, PALMIS.

SOSIS.

PRINCESSE en qui le Ciel mit l'ame d'un grand
    Roi,
Eſt-ce enfin aujourd'hui que vangeant votre injure
Un illuſtre attentat vous immole un parjure,
Et m'élève en un rang où je ne veux monter
Que pour vous y placer & pour vous mériter?

NEPHTÉ.

Oui, Seigneur, aujourd'hui notre fortune change,
Aujourd'hui nous regnons, aujourd'hui je me vange.
Prévenu dès long-tems en faveur de Soſis,
Mon cœur vous diſtinguoit en ſecret d'Amaſis,
Mais un ſceptre brilloit aux mains de votre frere,
Il me l'offrit : ce fût à l'Amour à ſe taire,
Et vous m'eſtimeriez un courage bien bas,
Si je ne vous diſois que je n'héſitai pas :
Aujourd'hui que par lui je me vois outragée,
Qu'il porte ailleurs ſa foi qui m'étoit engagée,

En puniſſant un Traître, il m'eſt bien doux, Sei-
    gneur,
De réunir en vous tous les vœux de mon cœur,
La Garde du Palais obéit à mon frere,
Et ma fureur ſurpaſſe à peine ſa colere,
Dès ce jour ſi le ſort ne confond mes projets,
Soſis ne ſera plus au nombre des ſujets.

SOSIS.

Madame, il regnera beaucoup moins que vous-
    même.

NEPHTÉ.

Je n'ai point à trembler, Seigneur, pour ce que
    j'aime,
Et les jours de Nephté ſeront ſeuls en danger.

SOSIS.

'Ah! Soſis avec vous prétend le partager.

NEPHTÉ.

Non, celui dont la main ſe prête à ma vangeance,
Ignore le ſecrer de notre intelligence,
Si je péris, dumoins, j'aurai pour un grand cœur
Le plaiſir conſolant de laiſſer un vangeur.

SOSIS.

Mais ne puis-je....

NEPHTÉ.

Il suffit : il faut que je vous laisse ,
On pourroit nous surprendre , & de plus le tems
    presse ;
Adieu , comptez sur moi : quoi qu'ordonne le sort ,
Ce jour éclairera votre regne ou ma mort.

SOSIS *seul.*

Flattons d'un vain espoir la fureur qui l'inspire,
Nephté n'est pas l'Objet pour qui mon cœur sou-
    pire ,
Allons... L'Autel est prêt & mon frère m'attend,
Puisse , Arthésis & lui n'être unis qu'un instant.

Fin du premier Acte.

ACTE II.

SCENE PREMIERE.

AMÉNOPHIS.

FUGITIF à ma Cour , étranger dans Memphis ,
Palais de mes Ayeux , oui , c'eſt Aménophis ,
C'eſt cet Infortuné qu'au trône tu vis naître.
Je te revois , hélas ! mais ce n'eſt plus en Maitre ,
Ton Prince a tout perdu , Trône , Maîtreſſe , Amis ,
Au perfide Amaſis les Dieux ont tout tranſmis :
Toi-même tu n'es plus cet heureux ſanctuaire
D'où le meilleur des Rois , moins Monarque que
      Pere ,
Etendoit ſur Memphis ſes bienfaiſantes mains ;
Les Dieux ne veulent pas le bonheur des humains ,
Apriés eſt tombé ſous un fer parricide ,
Palais teint de ſon ſang , demeure d'un Perfide ;
Tes murs ont vû fonder par le meurtre & l'effroi
Le trône du Tyran ſur la tombe du Roi ;

Mon Pere maſſacré..... mes entrailles frémiſſent,
Je crois entendre ici ſes mânes qui gémiſſent ;
Ils ne ſont pas vangés, & je reſpire !... ah ! Ciel...
Pour comble de malheur, dans les fers d'un cruel,
Arthéſis & Ménès...... Ciel vangeur je t'im-
    plore,
Tu le braves ! Tyran, tremble, je vis encore,
Je vis, & dans ces lieux que tu remplis d'effroi,
La vangeance & la mort déja fondent ſur toi.
On vient... c'eſt Rameſſes.... offrons - nous à ſa
    vûe,
Un heureux ſort l'amene, & ſa foi m'eſt connue.

SCENE II.

AMÉNOPHIS, RAMESSES.

AMÉNOPHIS.

Ramesses.

RAMESSES.

Etranger, que voulez-vous de moi ?

AMÉNOPHIS.

Connais cet Etranger, c'eſt ton ami, ton Roi.

RAMESSES.

Que vois-je.... ſe peut-il... Je ne m'en crois qu'à
    peine,
Dieux m'abuſeriez-vous par une image vaine ?
Non, mon Prince eſt encor au nombre des vivans
J'embraſſe ſes genoux.... ô jour !... ô doux mo-
    mens !
Quoi ! c'eſt vous que le Ciel permet que je revoie !

AMÉNOPHIS.

Moderes les tranſports d'une indiſcrette joie,
Oui, c'eſt Aménophis qui paraît à tes yeux,
Aménophis trahi des hommes & des Dieux ;
Aménophis en proie au ſort le plus funeſte,
Moins malheureux, pourtant, puiſqu'un ami lui reſte.

RAMESSES.

Vous vivez, ô mon Prince ! après tant de douleurs,
Quel ſecourable Dieu vous redonne à nos pleurs ?
Retenu dans Memphis ou d'un parti fidéle,
Mes ſervices obſcurs vous ménageoient le zêle ;
Je n'avois pû vous ſuivre & mourir à vos pieds,
Ciel ! déja mille exploits en ces lieux publiés ;
Les faiſoit retentir du bruit de votre gloire,
Quand le Tyran parût annonçant ſa victoire,
Et des jours d'un Héros la déplorable fin.

AMÉNOPHIS.

Sur un monceau de morts immolés de ma main,
Dans des ruiſſeaux de ſang, couché ſur la pouſſiere,
Je touchois, Rameſſes, à mon heure derniere ;
Eh, plût aux Dieux puiſſans, ſeuls arbitres du ſort,
Qui tiennent dans leurs mains la victoire & la mort,
Qu'en ce combat ſanglant à tous les miens funeſte,
Ils euſſent de mes jours éteint le foible reſte !
Dieux cruels dont le bras voulut me ſecourir,
Vous ne m'avez laiſſé ni vaincre ni mourir.

RAMESSES.

En cette extrémité quelle heureuſe aſſiſtance.....

AMÉNOPHIS.

La nuit faiſoit regner l'horreur & le ſilence ;
Ces champs hideux couverts de morts & demourans,
Ne retentiſſoient plus du bruit des combattans ;
Et l'aſtre de la nuit brillant dans les ténébres,
Prêtoit un jour affreux à tant d'objets funébres ;
Tanès, qui d'un faux zèle abuſoit le Tyran,
Marchoit ſous ſes drapeaux & ſervoit dans ſon
  camp ;
Guidé par ſa douleur ſur cette affreuſe plaine
Vient, & parmi les morts me reconnaît à peine ;
Il me démêle, enfin, ſanglant & dépouillé
Me preſſe dans ſes bras, baiſe mon front ſouillé ;

En lave de fes pleurs le fang & la pouffiere ;
J'ouvre, mais fans rien voir, une foible paupiere ;
Et Tanès qui me trouve un refte de chaleur,
Pour un foin plus preffant fait trève à fa douleur,
Aidé d'un feul efclave en ce befoin extrême,
Dans un azyle sûr il me porta lui-même ;
Là de fang épuifé, de bleffures couvert,
La mort pendant fix mois tint mon fépulchre ou-
    vert,
L'art me prêta fix mois une vaine affiftance,
Mais plus puiffans que lui, l'Amour & la vangeance
Ont ranimé ton Prince, & le rendent au jour,
Ils me guident tous deux en ce fatal féjour,
J'y vole fecourir Arthéfis & fon Pere.

RAMESSES.

Ah! Seigneur!...

AMÉNOPHIS.

       Le projet fans doute eft téméraire ;
Je fais à quel danger je m'expofe en ces lieux,
Que de Sofis, fur-tout, j'y dois craindre les yeux ;
Mais l'excès du malheur admet peu la prudence.
Tu parais interdit, & gardes le filence ;
Ne dois-je plus ici compter fur des amis ?
Amafis regne-t-il fur des fujets foumis ?

RAMESSES.

Il les a ménagés tant qu'il a craint vos armes,
Depuis qu'il vous croit mort & qu'il est sans allar-
  mes,
Il fait au citoyen courbé sous le fardeau,
Construire en pyramide un immense tombeau.
Des travaux les plus durs, d'innombrables victi-
  mes,
Elevent jusqu'aux Cieux, fondent sur les abîmes;
Ce superbe édifice, éternel monument,
Que l'orgueil d'un mortel consacre à son néant.

AMÉNOPHIS.

O peuple infortuné je briserai ta chaîne :
Et mes amis....

RAMESSES.

   Seigneur, une terreur soudaine,
Au bruit de votre mort les avoit dispersés.

AMÉNOPHIS.

Hé bien, il m'en reste un, je vis & c'est assez,
Courons à mes sujets opprimés par un Traître,
Offrons-leur à la fois leur vangeur & leur Maître,
Accablons le Tyran par un soudain effort,
Et qu'il me reconnaisse en recevant la mort.

RAMESSES.

Hélas ! vous ignorez qu'en ce moment funeste ;
Arthéfis. . . . je frémis de vous dire le refte . . .
Pour elle déformais vos foins font furperflus.

AMÉNOPHIS.

Je tremble , explique toi.

RAMESSES.

N'en demandez pas plus.

AMÉNOPHIS.

Parle.

RAMESSES.

Qu'ordonnez-vous ?

AMÉNOPHIS.

C'eft trop de réfiftance.

RAMESSES.

Rappellez donc , Seigneur , toute votre conftance ;
Arthéfis.....

AMÉNOPHIS.

Elle vit ?

RAMESSES.

Elle vit , mais....

AMÉNOPHIS.

Eh bien.
RAMESSES;

RAMESSES..

Amasis vient d'unir son sort avec le sien.

AMÉNOPHIS.

Que dis-tu ? Quelle horreur . . . .

RAMESSES.

     Cet hymen nécessaire ;
Est le prix de la paix & des jours de son Pere.

AMÉNOPHIS.

Prix honteux , paix infâme , & dont l'indigne loi
D'un vil Usurpateur fait l'Allié d'un Roi :
A cette affreuse paix tout étoit préférable !
Soutiens-moi , je succombe à ce coup effroyable.....
Qu'à la face des Dieux par un nœud solemnel
Elle ait couvert son front d'un opprobre éternel
Arthéfis!... ô Vertu, n'es-tu qu'une ombre vaine!..
Une juste fureur me saisit & m'entraîne,
J'ai vécu, c'en est fait, allons.

RAMESSES.

      Où courez-vous ?

AMÉNOPHIS.

Dans les bras d'Arthéfis immoler cet Epoux.

       C

R A M E S S E S.

Ah ! quittez un deffein à vos jours fi funefte.

AMÉNOPHIS.

Tu me verrois trancher ces jours que je détefte;
Mais qui n'eft pas vangé n'a pas droit de mourir,
Tyran, c'eft par ta mott que je vais l'acquérir.

R A M E S S E S.

Ah ! Seigneur ! . . . .

AMÉNOPHIS.

Quoi foüillé du meurtre de fes Maîtres,
Ce Monftres affis en paix au rang de mes ancêtres;
Dans les bras d'Arthéfis couleroit d'heureux jours!
Et moi comme un profcrit, errant de Cours en
Cours,
J'irois, trifte rebut d'une pitié ftérile,
Chez les Rois mes égaux mandier un azyle !
Chaque inftant que refpire un Prince dépouillé
Eft un inftant d'horreur & d'opprobre foüillé.

R A M E S S E S.

Ne précipitez rien

AMÉNOPHIS.

Arthéfis m'eft ravie !
Pour qui traîner encor le fardeau de la vie ?
Non... Je vais, ô mon Pere, immoler ton boureau,
Et du moins, avec moi l'entraîner au tombeau,

Je percerai ce Traître aux yeux de l'Infidelle,
Que son sang & le mien réjaillisse sur elle.

RAMESSES.

Vangez-vous, Seigneur, mais...

AMÉNOPHIS *sans écouter.*

Mon cœur désespéré,
A ce seul coup du sort n'étoit point préparé,
J'ai vû passer mon sceptre en des mains meurtrieres,
Le crime s'est assis au trône de mes Peres,
Ce coup affreux n'a point ébranlé ma vertu,
Il me restoit son cœur, je n'avois rien perdu.

RAMESSES.

Si la raison sur vous garde encor quelque empire...

AMÉNOPHIS.

Vas la trouver : dis-lui qu'Aménophis respire,
Que prêt à me livrer à tout mon désespoir,
Pour la derniere fois je demande à la voir.

RAMESSES.

La vertu d'Arthésis, Seigneur, vous est connue,
Elle croira devoir éviter votre vûe.

AMÉNOPHIS *sans écouter.*

Détestable union des vertus aux forfaits,
Et de tout ce que j'aime à tout ce que je hais!

C ij

Vas, dis-je, la trouver.

RAMESSES.

J'imagine une voie....

AMÉNOPHIS.

Parle, agis à ton gré pourvû que je la voie ;
Il le faut, je le veux....

RAMESSES.

Fiez-vous à mes foins ;
Vous la verrez.... on vient... évitez les témoins.

AMÉNOPHIS.

(*Rameſſes ſort d'un côté, & Arthéſis
entre de l'autre.*)

Vas, j'attens ton retour.

SCENE III.

ARTHÉSIS, AMÉNOPHIS *à l'écart.*

AMÉNOPHIS *a l'écart.*

Dieux! que vois-je, c'eſt elle !
O Ciel !...mon cœur.... je tremble..... appro-
chons. ... je chancelle ;
Il ſemble qu'un bandeau s'étende ſur mes yeux.

ARTHÉSIS.

Menès vient de partir , j'ai reçu ses adieux ,
Je n'ai plus à trembler pour les jours de mon Pere,
Ombre de mon Amant , je vais te satisfaire ;
Non , je n'entrerai point au lit de ton Boureau,
Libre , enfin de choisir , je choisis le tombeau.

AMÉNOPHIS *à part.*

Elle me parle... ô Ciel , que son discours me touche !
Hélas....

ARTHÉSIS.

Aménophis !

AMÉNOPHIS.

Mon nom est dans sa bouche.

ARTHÉSIS.

Objet évanoui d'une éternelle ardeur ,
Toi qui remplis sans cesse & déchires mon cœur ,
Jusqu'ici condamnée au supplice de vivre ,
Ton Arthésis n'a pû te vanger ni te suivre ;
Du jour avec horreur j'ai souffert la clarté ;
Je touche , grace au Ciel , au moment souhaité
Qui me va pour jamais rejoindre à ce que j'aime ;
Ah ! si nous conservons au sein de la mort même
Ce céleste rayon dont l'homme est animé ,
Si tout entier , hélas ! dans ta tombe enfermé ,

C iij

AMÉNOPHIS,

Tu n'es pas une cendre infenfible & légere,
Si la mort nous rejoint, ô que la mort m'eft chere?
Mânes infortunés, Mânes que j'ai trahis,
Que mon malheureux fang appaife enfin vos cris!
(Elle veut fe frapper.)

AMÉNOPHIS <i>arrachant le poignard.</i>

O Ciel! que faites-vous?

ARTHÉSIS.

Quelle pitié cruelle!
(<i>Elle le reconnaît.</i>)
Laiffez.... Aménophis.

AMÉNOPHIS.

Amante trop fidéle;
Vous voulez le réjoindre, il eft à vos genoux.

ARTHÉSIS.

Ah! Prince,...je me meurs...cherAmant,eft-ce vous?

AMÉNOPHIS.

Oui,... je ne puis parler... mon ame trop émue...

ARTHÉSIS.

Je ne m'abufe point... ô chere & douce vûe....
C'eft toi... j'en crois mes yeux & plus encor mon
cœur,
Tu vis... je te revois... Ah! dans ce jour d'horreür,

Qui l'eut dit qu'Arthéfis à l'amertume en proie,
Dût pleurer d'un excès de tendreffe & de joie?

AMÉNOPHIS.

Vois ton Amant auffi te baigner de fes pleurs.

ARTHÉSIS.

Cher Prince !… mais hélas ! fais-tu tous nos maf-
heurs ?
Sais-tu quel eft l'époux qui dans ma main trem-
blante,
Vient de mettre fa main parricide & fanglante?

AMÉNOPHIS.

Je fais qu'Arthéfis m'aime & que j'ai vû fa main
Prête pour me réjoindre à déchirer fon fein;
Je fais que je t'adore…ô charme de ma vie
Que ces inftans font chers à mon ame attendrie?

ARTHÉSIS.

Ces inftans feront cours…. & dans ce même lieu,
Il faut nous dire, hélas ! un éternel adieu.

AMÉNOPHIS.

Quoi!…

ARTHÉSIS.

N'importe , le Ciel a paffé mon attente,
Je t'ai revû, tu vis & je mourrai contente.

AMÉNOPHIS.

Vous, mourir ! quel difcours.

ARTHÉSIS.

Peux-tu t'en étonner ?
Tu fais à quel Epoux je viens de me donner,
Ce jour va confommer mon malheur & ma honte,
Puis-je brifer, dis-moi, par une mort trop prompte
Des liens que l'horreur & l'opprobre ont tiffus.

AMÉNOPHIS *vivement.*

Oui, ces nœuds par la mort doivent être rompus ;
Mais par celle du Monftre à qui tu fus unie.

ARTHÉSIS.

Ce Monftre eft mon époux, un nœud facré nous lie,
Je refpecte fes jours.

AMÉNOPHIS.

Quoi ! ces jours déteftés !
Quoi, ce Traître ?... Qu'il meure...oui, mon
bras.....

ARTHÉSIS.

Arrêtés ;
Le Ciel fur moi lui donne un légitime empire,
Cet Epoux m'eft affreux ; mais tant que je refpire,
Il fuffit qu'aux Autels il ait reçu ma foi,
Je ne fépare plus que fes crimes de moi.

AMÉNOPHIS.

Eh n'efperes donc pas qu'aucun frein me rétienne
Tu veux mourir ! ma mort devancera la tienne,
Je n'ai plus rien à perdre , & rien à ménager.

ARTHÉSIS.

Ah ! Dieux ! où fa fureur le va-t-elle engager ?
Cruel.... Arrêtez.

AMÉNOPHIS.
Non.   (*Il fort.*)

SCENE IV.
ARTHÉSIS *feule.*

Il fuit... Ah ! malheureufe ! ...
Il va fe perdre... ô Ciel.... une terreur affreufe...
Que faire ! que réfoudre ? ... Hélas ! de toutes parts
C'eft le comble des maux qui s'offre à mes regards ;
Ah ! je fuccombe au poids du tourment qui me
    preffe ...
Dieux dont la main fur moi s'appéfantit fans ceffe
Votre œil pénétre au fond de l'abîme des cœurs ,
Ai-je donc mérité cet excès de rigueurs ;
Ou fi de la vertu demeure paffagere ,
Ce monde n'eft qu'un lieu d'épreuve & de mifere ?

SCENE V.

ARTHÉSIS, IPHISE.

IPHISE.

AH! Madame.

ARTHÉSIS.

Quoi donc.

IPHISE.

Tous mes fens font faifis,
On vient dans ce détour d'immoler Amafis.

ARTHÉSIS.

(à part.)

Se peut-il..... mais fidéle à des nœuds que j'abhorre
Courons le fecourir s'il en eft tems encore.

Fin du fecond Acte.

ACTE III.

SCENE PREMIERE.

RAMESSES *seul.*

JE cherche, envain le Prince....

SCENE II.

SOSIS, RAMESSES.

SOSIS.

AMI, grace à Nephté,
Je regne, c'en est fait, & le coup est porté ;
Mais quoiqu'elle ait osé, quelqu'espoir qui l'anime,
Je prétens jouir seul du fruit de ce grand crime ;

Et je veux, confondant ſes vœux ambitieux
Briſer de ma grandeur l'inſtrument odieux.

RAMESSES.

Quoi ! Seigneur....

SOSIS.

Mes deſſeins ont beſoin de ton zèle ;
Je ne hazarde rien quand je te les revele ;
Je connois & je veux recompenſer ta foi :
Apprens donc qu'Arthéſis tient mon cœur ſous ſa
      loi :
Vainement indigné que l'Amour me ſurmonte ,
Je ne te dirai point mes combats & ma honte ;
Entraîné malgré moi par ce penchant fatal ,
Je me ſuis dans mon Frere immolé mon Rival ;
Par les mains de Nephté j'en ai fait ma victime ,
Mais je crains d'Arthéſis cette vertu ſublime ,
Qui du nom de forfait prompte à s'effaroucher
Même en me condamnant ſait encor m'attacher.
Il me faut écarter juſqu'à l'ombre du doute ,
Je dois perdre d'ailleurs Nephté que je redoute.

RAMESSES.

Mais quel moyen , Seigneur. ...

SOSIS.

                  Par les loix de l'Etat
La veuve du Roi mort juge de l'attentât

Doit des Prêtre d'Ifis recevoir l'affiftance ;
Et du crime avec eux ordonner la vangeance ;
J'ai fait après le coup arrêter l'Affafin,
C'eft à Nephté qu'il croit avoir prêté fa main,
Et je veux qu'en fecret conduit devant la Reine,
Ce malheureux preffé, s'il le faut, par la gêne,
Parle, & chargeant Nephté du meurtre de fon Roi,
Empêche le foupçon de venir jufqu'à moi.

RAMESSES.

Mais ne craignez vous pas que Nephté ne révele....

SOSIS.

Non... je ferai périr fon fecret avec elle,
Dès que ce Meurtrier dont je fuis ignoré,
La nommant fa complice aura tout déclaré.
Mais fon frere Méphrès commande ici la Garde ;
Il faudra m'en répondre & ce foin te regarde.
Difpofe tout fans bruit, afin qu'en fûreté
Sur mon ordre, d'abord, il puiffe être arrêté,
Et qu'il foit mis à mort s'il faifoit réfiftance,
La place de Méphrès fera ta récompenfe.

RAMESSES.

Seigneur....

SOSIS.

La Reine vient : laiffe-nous.

RAMESSES *à part en se retirant.*

O mon Roi!
Voici l'heureux inſtant de ſignaler ma foi,
Aſſemblons ſes amis, reſſuſcitons leur zèle.

SCENE III.

SOSIS, ARTHESIS, IPHISE.

ARTHÉSIS *à Iphiſe.*

AH! cette incertitude, Iphiſe, eſt trop cruelle,
Qu'eſt devenu le Prince! ô Ciel...ah! que je crains...
   (*à Soſis.*)
Eh bien, ce Meurtrier.

SOSIS.

      Il eſt entre nos mains;
Mais s'il vous faut montrer mon ame toute nue,
A la fureur d'autrui je crois ſa main vendue.
L'eſpoir de la Couronne avoit flatté Nephté,
Madame & ſon dépit n'a que trop éclaté;
Il s'eſt même emporté juſques à la menace,
Et de ſon cœur altier vous connoiſſez l'audace.

ARTHESIS.

Quoi, vous la ſoupçonnez de cet excès d'horreur?

SOSIS.

Un grand espoir trompé souvent tourne en fureur;
Mais quiconque ait armé la main du Parricide,
On vous va par mon ordre amener ce Perfide,
J'ai crû qu'il importoit avant qu'il fut jugé,
Que par vous en secret il fût interrogé;
Je reviendrai savoir ce qu'aura dit le Traître,
Jusques-là devant lui je ne veux point paraître.

ARTHÉSIS.

Quelle raison . . .

SOSIS.

L'accès aux soupçons est ouvert,
On impute le crime à qui le crime sert,
Et je veux écarter l'ombre la plus légere :
Ah que je plains le sort de mon malheureux Frere,
Il expire au moment qu'il venoit d'être à vous;
Et sans doute les Dieux de son bonheur jaloux,
Aux destins d'un Mortel ont envié vos charmes.

ARTHESIS.

Dites qu'ils l'ont puni : que touchés de mes larmes :
Quand j'allois par ma mort rompre un fatal lien,
Les Dieux ont prévenu mon trépas par le sien.

SOSIS.

Mon Frere en vous aimant fut coupable peut-être,
Mais qui pourroit vous voir, Madame, & ne pas
l'être ?

Héritier de fon Thrône & de fes fentimens...

ARTHESIS.

Qu'entens-je.

SOSIS.

Cet aveu demande un autre tems ;
Oui , fi mon cœur trop plein a rompu le filence....
(*Arthéfis le regardant avec dédain & furprife.*)
Madame , pardonnez... ce difcours vous offenfe ,
Et je lis dans vos yeux un courroux.

ARTHESIS.

Sofis , non ,
Voyez-y le mépris & l'indignation.

SOSIS.

Ah ! Madame.

ARTHESIS *du ton le plus impofant.*

Sofis , il fuffit.

SOSIS.

Je vous laiffe ;
Mais il faut devant vous que l'Affaffin paraiffe ;
Et dans ces lieux , Madame , on va vous l'amener.

SCENE IV.

SCENE IV.

ARTHÉSIS, IPHISE.

ARTHÉSIS.

Une telle impudence a droit de m'étonner ;
Ciel me voir jusques-là par le sort abbaissée !
Mais, qu'un autre intérêt occupe ma pensée !
Le Prince.... ah ! que je crains que dans son défes-
poir.

SCENE V.

ARTHÉSIS, AMÉNOPHIS *enchaîné*, IPHISE.

IPHISE.

Voici ce meurtrier.

ARTHÉSIS.

Je tremble de le voir....
C'est lui.... Dieux ! .. je me meurs.

AMÉNOPHIS *allant à elle.*

Arthésis !

D

ARTHESIS.

Ah ! Barbare...

AMÉNOPHIS.

Tu vois l'affreux deſtin qui pour moi ſe prépare,
Du ſort qui me pourſuit, jouet infortuné ;
On traîne devant toi ton Amant enchaîné :
Mais il rend grace au Ciel , puiſqu'à tes pieds en-
   core
Il peut te dire , *adieu , je meurs & je t'adore.*

ARTHÉSIS.

Cruel !... Il me remplit de tendreſſe & d'horreur,
Ah ! falloit-il en croire une aveugle fureur !
Qu'as-tu fait !

AMÉNOPHIS.

Que dis-tu ? Quelle erreur.

ARTHÉSIS.

A ſa vûe ,
La terreur, la pitié... ce ſpectacle me tue ;
Juſte Ciel ! ... & c'eſt toi qui me l'as préparé...
Au ſein de mon Epoux ton bras déſeſpéré...

AMÉNOPHIS.

Non...

ARTHÉSIS.

Du ſang d'Amaſis , quoi cette main fumante
Preſſe encor mes genoux !...

AMÉNOPHIS.

        Ma main est innocente.

ARTHÉSIS.

Aux mânes paternels tu devois son trépas,
Je le sais, je connais tes droits, ses attentats,
Il étoit un Tyran, le Ciel te fit son maître ;
Mais un Prince jamais doit-il agir en traître ?
S'il a droit de punir ce n'est qu'avec la loi,
Et tout assassinat est indigne d'un Roi.

AMÉNOPHIS.

Je ne l'ai point commis.

ARTHÉSIS.

        Tout dépose & t'accuse.

AMÉNOPHIS.

Sors, te dis-je, d'erreur ; l'apparence t'abuse.

ARTHÉSIS.

Quoi ! Prince...

AMÉNOPHIS.

        J'avouerai qu'éperdu, furieux,
Accusant toi, le sort, les hommes & les Dieux,
Ne prenant désormais que la rage pour guide,
Mon cœur ne respiroit que la mort du perfide,

                  D ij

Que (dût-il de fa chûte en mourant m'accabler)
A ma jufte fureur je courois l'immoler,
Mais prévenant mes coups & lavant fon offenfe ,
Un autre.

ARTHÉSIS.

Ciel ! un autre.

AMÉNOPHIS.

A ravi ma vangeance,
De l'ombre de mon Pere il a calmé le cri,
Le fang de ce Barbare a fur moi réjailli ;
J'ignore par quel bras lents à punir le crime,
Les Dieux ont à mes pieds étendu la victime.

ARTHÉSIS.

Ah ! cher Prince... eh comment... par quel coup im-
prévû...

AMÉNOPHIS.

Je te quittrois à peine & craignois d'être vû,
Lorfque dans ce détour éclairé d'un jour fombre,
J'ai crû voir un poignard étinceler dans l'ombre.
Les airs d'un cri perçant ont foudain retenti,
J'ai couru vers l'endroit d'où le bruit eft parti ;
Un malheureux atteint d'une main meurtriere
A fait en chancelant quelques pas en arriere ;
Il tombe, je m'approche & mes yeux fatisfaits,
Du perfide Amafis ont reconnu les traits :

Son ame pouffe alors un foupir qui l'entraîne,
Soudain la Garde accourt, me faifit & m'enchaîne.

ARTHÉSIS.

Et tu t'es vû foumis à cette indignité !
Mais, ô Ciel, que réfoudre en cette extrémité ?
Comment fauver tes jours des fureurs d'un Barbare?
O du fort irrité, jeu cruel & bifarre !

(*Elle le regarde & détourne vivement*
les yeux de lui.)

AMÉNOPHIS.

D'où vient que tes regards fe détournent de moi ?

ARTHÉSIS.

Je ne puis foutenir l'état où je te voi.

AMÉNOPHIS.

Tout affreux qu'eft mon fort, il eft digne d'envie,
Tu m'aimes.

ARTHÉSIS.

Eh, que peut cet amour pour ta vie ?
Mon cœur frémit, envain, à l'afpect de tes fers
Je ne puis les brifer.

AMÉNOPHIS.

Ah ! tu les rends legers.

D iij

AMÉNOPHIS,

ARTHESIS.

Cher Prince !

AMENOPHIS.

Mais tu sais qu'à son Prince fidéle,
Le hardi Ramesses...

ARTHESIS.

Eh ! que pourra son zèle !
Bien-tôt pour te juger les Prêtres de nos Dieux...

AMENOPHIS.

Ils jugeroient leur Maître ?

ARTHESIS.

Oui... n'espéres rien d'eux ;
Ce n'est plus dans Memphis ces Prêtres respectables
Révérés des bons Rois, aux Tyrans redoutables ;
A l'exemple des Dieux, justes & bienfaisans,
Qui Juges des Rois morts qu'ils respectoient vivans
Pesoient sans passion leur conduite passée,
A leurs mânes ouvroient ou fermoient l'Elisée.
Aujourd'hui devenus de lâches Courtisans,
Aux seuls Dieux de la terre ils prodiguent l'encens,
Et de la tyrannie organes & ministres,
Prêtent la voix du Ciel à ses ordres sinistres,
Ils oseront juger & condamner leur Roi,
Le pouvoir est leur Dieu, l'intérêt est leur loi.

AMENOPHIS.

Eh bien , s'il faut périr , mon courage me reste ,
Il sera ma ressource.

ARTHESIS.

Ah ! ressource funeste !

AMENOPHIS.

Ne désespérons point ,...vas , peut-être , les Dieux
Ne semblent m'accabler que pour m'éprouver
mieux ,
Souvent ainsi que l'or s'affine dans les flâmes ,
Au creuset du malheur ils épurent nos ames.

ARTHESIS.

Tu flattes ma douleur.... mais , cher Prince , Sosis
Ignore qu'en ses mains il tient Aménophis ;
Il faudroit....

AMENOPHIS.

S'il me voit , il va me reconnaître.

ARTHESIS.

Ah ! peut-être , on pourroit.... Dieux ! je le vois paraître.

D ij

SCENE VI.

ARTHÉSIS, AMÉNOPHIS, SOSIS.

SOSIS.

A-t-il dit quelle main l'arma contre son Roi,
Madame ? & sçavez-vous.... mais qu'es-ce que je
voi ?

(*Il le reconnaît.*)

AMÉNOPHIS.

Ton Maître.

SOSIS.

Juste ciel ! ma surprise est extrême,
Aménophis vivant !

AMÉNOPHIS.

Oui, c'est ton Roi lui-même ;
Que comme un vil mortel entouré de forfaits,
Tu vois chargé de fers en son propre palais ;
Et qui souffre pourtant d'une ame moins émue,
L'opprobre de ses fers que l'horreur de ta vûe.

SOSIS.

Vous pouvez tout permettre à votre désespoir,
Prince, l'outrage cesse où manque le pouvoir ;

Quant à vos mains de fers honteusement chargées,
Songez qu'au sein d'un Roi vous les avez plongées;
Des plus vils scélérats ce coup atteint l'effort,
Imiter leurs forfaits, c'est mériter leur sort.

ARTHESIS.

Non, le Prince n'a point immolé votre Frere....

SOSIS.

Quoi....

AMENOPHIS.

Je m'en vanterois, si je l'avois sû faire,
J'ignore de quel bras les Dieux se sont servi,
Cet honneur m'étoit dû, mais on me l'a ravi.

SOSIS.

Cessez de feindre, Prince.

AMENOPHIS.

Eh, qui peut m'y contraindre?
Qui n'a point à rougir s'abbaisse-t-il à feindre?
Si le coup par ma main avoit été porté,
Je te l'ai déja dit, je m'en serois vanté:
Eh, de quel front, dis-moi, complice d'un perfide
Teint du sang de tes Rois, noirci d'un parricide,
Pourrois-tu reprocher à ton Maître outragé,
Un meurtre que j'envie & qui m'auroit vangé?

Apprens-moi de quel droit un Monſtre qui m'op-
prime......

SOSIS.

Mon pouvoir eſt mon droit , ta foibleſſe eſt ton
crime :
Oui , le Droit , ce vain nom par le foible inventé ,
S'il n'a pour lui la force eſt ſans réalité ,
Tu reclames envain le ſang qui t'a fait naître ,
Il falloit en Vainqueur nous annoncer un Maître ;
Quand le fort a jugé , ce n'eſt plus qu'aux vaincus
Que les noms de Perfide & de Tyran ſont dûs.

AMENOPHIS.

Ciel ! ....

ARTHESIS.

D'un Tyran , Soſis , ce ſont là les maximes ,
La force fait ſon droit , ſes titres ſont ſes crimes ;
Il brave l'équité , mais du remord vangeur
L'épouvantable cri tonne au fond de ſon cœur.

SOSIS.

Je regne , il me ſuffit... qu'on l'ôte de ma vûe.

AMENOPHIS.

Monſtre donne à ta rage une libre étendue ,
Sans me faire trembler tu me veras périr.

ARTHESIS *à part.*

Voyons fi Rameffes pourra le fecourir.

SOSIS *feul.*

Par quel prodige , ô Ciel ! que je ne puis com-
    prendre,
Le Prince tout-à-coup renaît-il de fa cendre ?
Il refpire.... & c'eft lui dont a fait choix Nephté....

SCENE VII.

RAMESSES, SOSIS.

RAMESSES *à part.*

DIEUX ! que viens-je de voir ? le Prince eft arrêté.

SOSIS.

Il faut que je pénétre au fond de ce myftere....
    (à Rameffes.)
Sais-tu par qui Nephté s'eft immolé mon Frere ?

RAMESSES.

Non , mais Nephté , Seigneur , vous mande en ce
   moment
Qu'elle attend de vous-même un éclairciffement ;
Et ne fait que penfer d'un prétendu coupable,
Qu'en vos mains

S O S I S.

Ce n'eſt pas l'Aſſaſſin véritable ?

R A M E S S E S.

Cet Aſſaſſin n'eſt plus : elle-même a pris ſoin
De faire diſparaître un dangereux témoin.

S O S I S.

Fortune, tu fais plus, ſouvent que la prudence :
Mon ennemi revit, une heureuſe apparence
En fait un aſſaſſin & me livre ſon ſort,
Pour s'affermir mon trône a beſoin de ſa mort,
De l'arbre de nos Rois c'eſt la derniere tige,
Il faut l'abbattre.

R A M E S S E S *à part.*

Ciel !

S O S I S.

Ma ſûreté l'exige.

R A M E S S E S.

(*à part.*)   (*haut.*)
Ah ! Barbare... Seigneur, je vous offre ma main,
Ordonnez, & bientôt....

S O S I S.

Mon eſprit incertain,
Sur le choix des moyens eſt encore en balance ;
Mais je vais de Nephté calmer la défiance,
Je ſais comme envers elle il me faut acquitter,
Nephté ne ſera pas longtems à redouter.

SCENE VIII.

RAMESSES *seul.*

L'Affreux danger du Prince & m'étonne & me
 glace,
Ciel! comment détourner le coup qui le menace.
Mes soins ont en secret rassemblé ses amis,
Mais contre un tel revers seront-ils affermis ?
Ne me refuse pas, ô! Ciel, ton assistance,
Mais pour mieux l'obtenir armons-nous de cons-
 tance,
D'un zèle actif & ferme employons les ressorts,
Le Ciel sourd à nos vœux exauce nos efforts ;
De nos biens, de nos maux il est l'unique source,
Mais au sein du courage il a mis la ressource.

Fin du Troisième Acte.

ACTE IV.

SCENE PREMIERE.

SOSIS, NEPHTÉ.

NEPHTÉ.

Es droits d'Aménophis ne font que trop
    certains,
Vous le favez, Seigneur, il eft entre vos
    mains;
Et cependant il vit : la foif du rang fuprême,
Vous a fait immoler votre frere lui-même,
Muets dans votre cœur le fang & l'amitié
N'ont obtenu pour lui ni remord, ni pitié,
Pourquoi le Prince encor, tarde-t-il à le fuivre ?

SOSIS.

Ce n'eft pas pour long-tems que je le laiffe vivre.

NEPHTÉ.

Mais il vit , & ſes droits & ſur-tout ſes malheurs
Vont des Peuples pour lui ſolliciter les cœurs ;
Et peut-être ils croiront que pour leur rendre un
    Maître ,
Le Ciel du ſein des morts l'a fait exprès renaître.
Le Peuple qui gémit ſous le poids du pouvoir
Saiſit avidemment le plus frivole eſpoir ,
La nouveauté lui plaît : malheureux & volage ,
Il croit changer de ſort en changeant d'eſclavage.

SOSIS.

En immolant le Prince, il importe à mes droits
Qu'il paroiſſe tomber ſous le glaive des loix ;
Je le puis ſans danger & votre crainte eſt vaine ;
Je veux de ſon trépas ne point porter la haine ;
Et qu'en le condamnant , les Pontifes d'Iſis
Légitiment mon regne & celui d'Amaſis ;
Je n'en impoſerai , ſans doute, qu'au vulgaire ,
Mais c'eſt à lui , ſur-tout , qu'il importe de plaire ;
D'une vaine apparence il le faut éblouïr ,
Et l'art de le tromper eſt l'art de le régir.

NEPHTÉ.

Eh , Seigneur, qu'un vil peuple à ſon gré nous haïſſe,
Il ne faut pas qu'il aime , il faut qu'il obéiſſe ;

Un Roi confulte peu fi l'on aime ou l'on haït ;
Sa regle eft ce qui fert & non pas ce qui plaît.

SOSIS.

Je le fais : mais auffi , je fais qu'un Prince habile ,
Ne fe charge jamais d'une haine inutile :
Enfin croyez qu'à tout ma prudence a pourvû.

NEPHTÉ.

La prudence , Seigneur , n'a jamais tout prévû ;
La loi veut que la Reine au jugement préfide....

SOSIS.

Mais fon fuffrage feul n'eft pas ce qui décide,
On l'obferve, & d'ailleurs j'ai fait femer des bruits
Qui contre elle déja prévenant les efprits,
Avec Aménophis l'a font d'intelligence,
Les Pontifes d'Ifis font dans ma dépendance ,
Ces Juges qui pour loi , n'ont que ma volonté,
Prononceront l'Arrêt que je leur ai dicté ;
La Reine , fi fa voix ofoit y contredire,
Pafferoit pour complice & ne pourroit pas nuire ;
Enfin , quoiqu'il arrive , il ne peut m'échapper,
Ses jours font dans ma main & je n'ai qu'à frapper.

NEPHTÉ.

NEPHTÉ.

Vous avez pris, Seigneur, de très-juſtes meſures;
Je le crois, mais je ſais qu'il n'en eſt point de ſûres,
Qu'au moment que du ſort on ſe croit à couvert,
Trop ſouvent arrivé, l'impoſſible nous perd.

SOSIS.

Fiez-vous à mes ſoins : j'attens ici la Reine,
Allez,...le jour qui ſuit, formera notre chaîne ;
J'eſpére, dès demain uniſſant nos deſtins,
Voir mon ſceptre, Madame, embelli par vos mains;
Mais je veux dès ce jour par la coupe ſacrée,
Vous garantir la foi que je vous ai jurée.

SOSIS ſeul.

Vas, je ſaurai bien-tôt dégager cette foi,
Tu pourras chez les morts t'aller plaindre de moi.

SCENE II.
SOSIS, ARTHÉSIS.
SOSIS.

Madame, ſavez-vous qu'attaquant votre gloire,
Un bruit qu'avec mépris j'ai refuſé de croire ;
Se répand dans le peuple & s'en fait écouter ?

E

ARTHÉSIS.

Eh, qu'es-ce que ma gloire en pourroit redouter ?
J'ignore contre moi ce qu'ofe l'impofture ,
Mon ame fut toujours inaltérable & pure ;
Quelque foit un vain bruit que le mépris confond ,
Ma gloire eft à couvert : la vertu m'en répond.

SOSIS.

Vous favez que toujours l'imbécile vulgaire ,
Libre dans fes difcours , ou plûtôt téméraire ,
Aux foupçons les plus vains fe livre avec plaifir ,
Et qu'envieux des Grands il aime à les noircir :
L'Aſſaſſin vous fût cher , on vous croit fa complice

ARTHESIS.
On ofe ...

SOSIS.
A vos vertus je rends plus de juftice ;
Et vous allez vous-même en rehauſſer l'éclat ,
En condamnant le Prince & vangeant l'attentat.

ARTHESIS.

Si fa main l'eut commis , ce que vous **nommez**
crime ,
Sëroit de fa juftice un acte légitime ,
Mais fans examiner s'il eut droit d'en ufer ,
Sofis , eft-ce bien lui qu'il en faut accufer ?

SOSIS.

Quel autre.....

ARTHESIS.

Je ne fais ; mais mieux fondés peut-être ,
Si mes foupçons ont droit à leur tour de paraître ,
Pour connaître l'auteur du meurtre d'Amafis ,
Je crois qu'il ne faudroit qu'interroger Sofis.

SOSIS.

Moi!

ARTHESIS.

Vous-même , & s'il faut en dire davantage ,
C'eft vous qui d'Amafis recüeillez l'héritage ,
Vôtre Frere en la tombe à peine eft defcendu ,
Sans refpect pour fa cendre & pour ce qui m'eft dû
Vous m'ofez révéler une odieufe flâme ,
Qui même avant fa mort....

SOSIS.

Je vous entends , Madame ,
Et vois trop quel motif vous fait ici parler ,
Vous chercheriez envain à le diffimuler ;
Le Prince... mais fongez que fa perte eft certaine ,
Qu'on fçait qu'il vous fût cher & qu'une pitié
vaine
Des foupçons du public confirmeroit l'erreur.

(Il fort.)

E ij

ARTHESIS *seule.*

Dieux ! vous n'aviez frappé jufqu'ici que mon cœur;
On attaque aujourd'hui jufqu'à ma gloire même,
Mais dequoi m'occupai-je en ce péril extrême ?

SCENE III.

ARTHÉSIS, RAMESSES.

ARTHESIS.

EH bien, as-tu du Prince affemblé les amis ?
Qu'as-tu fait, Rameffes, & que t'ont-ils promis ?

RAMESSES.

Pleins de zèle pour lui, fa prifon les étonne.

ARTHESIS.

O Prince malheureux ! ainfi tout l'abandonne.

RAMESSES.

J'ofe encore efpérer ; mais, Madame, en ces lieux
Près de vous à l'inftant les Prêtres de nos Dieux
Pour y juger leur Maître oferont prendre place,
Contraignez-vous de grace à fouffrir cette audace.

ARTHESIS.

Qui, moi !

RAMESSES.

Sofis fans forme ufant de fon pouvoir ;
Pouroit tromper d'un coup mon zèle & mon efpoir,
C'eft tout ce que je crains : votre augufte préfence
Sur les Prêtres d'Ifis aura quelque puiffance,
Votre rang, vos vertus s'attirant leur refpect...
Mais on vient ; je craindrois de me rendre fufpect.
Et je fors ; mais comptez à quoique je m'expofe,
Que pour fauver mon Maître il n'eft rien que je
    n'ofe.

SCENE IV.

ARTHÉSIS, UN OFFICIER.

UN OFFICIER.

LEs Pontifes d'Ifis....

ARTHESIS.

Ciel !... qu'on les faffe entrer.

SCENE V.

LE GRAND-PRESTRE, DEUX DE SES COLLÉGUES ; ARTHÉSIS.

ARTHESIS.

(Arthésis se met dans un fauteuil ; le Grand-Prêtre & ses deux Collégues se placent sur des siéges à sa gauche.)

PRENEZ place... d'horreur je me sens pénétrer.

SCENE VI.

LE GRAND-PRESTRE, DEUX DE SES COLLÉGUES, ARTHÉSIS, **AMÉNOPHIS** *conduit par un Officier qui se retire.*

L'OFFICIER *au Prince.*

VOILÁ vos Juges.

ARTHESIS.

Prince....

AMÉNOPHIS *l'interrompant.*

Ah ! pardonnez, Madame ;
Mais l'indignation s'empare de mon ame,

Des Juges! tant qu'il vit en est-il pour un Roi ?
Que du droit des Tyrans Sofis use envers moi,
Et que digne héritier de son barbare Frere,
Sa parricide main joigne le fils au pere,
Mais qu'il n'espére pas que dégradant mes droits,
Je laisse en ma personne avilir tous les Rois :
Vous, si vous n'êtes point les complices d'un traître,
Tombez, Prêtres d'Isis, aux pieds de votre Maître :
Ce n'est que parvenus à leur térme fatal,
Que les Rois sont sujets à votre Tribunal ;
Amasis sur le trône élevé par le crime,
Ne vit plus : exercez un pouvoir légitime,
Osez par son exemple effrayer les Tyrans,
Que privés du tombeau ses mânes soient errans ;
Et reçoivent, couverts à jamais d'infâmie
Le tribut flétrissant qu'a mérité sa vie,
A la crainte, à l'espoir osez fermer les yeux,
Et libres d'intérêt jugés comme les Dieux.

LE GRAND-PRESTRE.

Prince, n'ajoutez point l'outrage à votre crime,
Amasis devint Roi par un droit légitime,
Sofis l'est après lui.

AMENOPHIS.

Ces deux Tyrans, vos Rois ?
Eh, qui de mes ayeux leur a transmis les droits ?

LE GRAND-PRESTRE.

Le peuple qui jadis a choisis vos ancêtres :
L'intérêt de l'Etat demandoit d'autres maîtres :
Le sceptre fût toujouss un dépôt parmi nous,
Mis dans la main d'un seul pour le bonheur de tous,
Si celui qui n'en est que le dépositaire
En fait des maux publics l'instrument arbitraire :
Né pour les maintenir, s'il viole les loix,
Le peuple devient libre & rentre en tous ses droits,
Telle est du trône, ici, la loi fondamentale.

AMÉNOPHIS *vivement.*

Non, & vous savez trop que cette loi fatale
D'une guerre intestine éternel aliment,
N'est pour les factieux qu'un mot de ralliment,
Que bien-tôt sous son nom le trouble & l'anarchie
Sur les débris du trône & de la Monarchie ;
Ne laisseroient asseoir qu'un fantôme de Roi ;
Mais dût-on supposer que telle fût la loi,
Quel Roi, Pére du Peuple, obtint ce titre auguste,
Qui fût plus qu'Apriès & bienfaisant & juste ?
N'a-t'on pas toujours vû l'audace & l'attentât
Prétexter sans pudeur l'intérêt de l'Etat ?
L'assassin de son Roi ceindra le Diadême,
Et d'un peuple fidéle opprimé par lui-même ;
Tandis que la terreur enchaînera la voix,
Ce scélérat heureux alléguera les droits !

Et vous autorifez ces maximes finiftres !
Dieux juftes ! Dieux vangeurs ! font-ce-là vos Mi-
    niftres !
Pontifes qui d'Ifis profanez les autels ,
Méprifables objets du refpect des mortels ,
Pour vous les affervir , inftruits en l'art de feindre ,
Méprifez - vous les Dieux que vous nous faites
    craindre ?

LE GRAND-PRESTRE.

Punir les Affaffins , c'eft honorer Ifis ,
Vos mains fument encor du meurtre d'Amafis ;
Prince , fans recourir à de vains fubterfuges ,
Qu'avez-vous fur ce crime à répondre à vos Juges !

AMENOPHIS.

Que ma main de ce Monftre ait puni l'attentat ,
Ou que barbare auteur de cet affaffinât ,
Le perfide Sofis dépouillant toute honte ,
D'un fang verfé par lui m'ofe demander compte ;
Je n'ai rien à répondre... Ordonnez mon trépas ,
Je ne reconnais point de Juges ici bas :
Sous un nom révéré , vils organes d'un Traître ,
Vous pouvez à la mort envoyer votre Maître ;
J'ai trop long-tems moi-même oublié qui je fuis ,
Et c'eft à mon filence à marquer mon mépris.
                    (*Il fe retire.*)

S C E N E VII.

ARTHÉSIS, LE GRAND-PRESTRE, SES DEUX COLLÉGUES.

A R T H E S I S.
(à part.)

O Ciel ! que ton secours m'affermisse & m'éclaire,
(haut.)
Ministres de nos Dieux, Pontifes qu'on révére,
Vous qui jugez les Rois quand leurs jours étant
　　pleins ,
Le tombeau les égale au reste des humains,
L'Egypte de ses Dieux honore en vous l'image :
Mais si vous partagés avec eux notre hommage,
C'est qu'on croit voir en vous ce qu'on adore en
　　eux ,
C'est qu'on croit qu'en vos cœurs voués aux mal-
　　heureux
Le foible a son azyle & la vertu son temple.
Ce jour en doit offrir un mémorable exemple :
Sur vous en ce moment tous les yeux sont ouverts,
Pour Juge & pour témoin vous avez l'Univers ;
Ce jour va de vos cœurs approfondir l'abîme ,
Et nous montrer en vous une vertu sublime ;

Ou d'indignes mortels à la faveur vendus,
Couvrant leur intérêt du masque des vertus.
Pour moi quelque soupçons que l'imposture seme,
Je ne balance point : mon Juge est dans moi-même ;
Et je compte pour rien des bruits injurieux,
Lorsque j'ai pour garans & mon cœur & les Dieux :
Dût ma gloire en souffrir, c'est la vertu suprême
D'immoler au devoir jusqu'à sa gloire même.
Je n'écoutai que lui, quand, malgré mon horreur,
On me vît à l'Autel suivre un usurpateur ;
Mais du moment fatal que je lui fûs unie,
Au prix de tout mon sang j'aurois sauvé sa vie,
Et brisant mes liens, sans lui manquer de foi,
Mon juste désespoir n'eut immolé que moi :
Il n'est plus, je le plains ; mais peut-on mécon-
       naître
La conduite des Dieux dans le crime d'un Traître ?
Dès long-tems à leur trône accusant un Tyran,
Le sang des Rois crioit & demandoit son sang,
Tôt ou tard le jour vient où leur justice lance
L'inévitable trait forgé par la vangeance.
Vous, tremblez, si du crime autorisant les droits,
Vous vendez à Sosis le suffrage des loix :
Il accuse le Prince, & lui seul est coupable,
N'en doutez pas, c'est lui dont le bras détestable
Dans le sein de son frere enfonça le couteau,
Il s'en dit le vangeur, il en est le bourreau.

LE GRAND-PRESTRE.

Mais contre Aménophis, Madame, tout dépose.

ARTHESIS.

Jeu cruel du Destin dont l'apparence impose.
Le Prince est innocent, j'en atteste le Ciel,
Son seul Juge aujourd'hui, s'il étoit criminel ;
Mais il est dans les fers d'un Tyran redoutable,
La vertu maheureuse en est plus respectable ;
Faites votre devoir, laissez le reste aux Dieux,
Songez qu'entre les mains de ce Monstre odieux
Le Prince sans appui n'est pas moins votre maître ;
Qu'il en sera plus beau d'oser l'y reconnaître :
Eh, qui sait ce que peut un effort généreux ?
Courbé sous le fardeau ce peuple malheureux ;
Nourrit au fond du cœur une secrette rage,
Qu'il reçoive de vous l'exemple du courage,
Osez mettre le Trône à l'abri de l'Autel,
Ce peuple à votre voix qu'il croit celle du Ciel ;
Va défendre son Roi, va s'armer contre un Traître,
Et secouant ses fers l'en écraser peut-être.
Mais que le sort remplisse ou trompe votre espoir,
Sachez que le péril annoblit le devoir,
Qu'il n'est point de vertu lorsqu'il n'est point d'é-
        preuve,
Qu'on attend de la votre une éclatante preuve,

Et que les Dieux enfin par vous repréſentés
Pour l'être dignement veulent être imités...
Prononcez....

(*Le Grand-Prêtre ſe leve & prend l'avis
de ſes deux Collégues , ce qui doit
être fort court.*)

Je frémis...ah! ſiniſtre préſage,
Je vois le crime écrit ſur leur ſombre viſage,
Quel ſera ton deſtin, ô Prince infortuné!

(*au Grand-Prêtre.*)

Eh bien donc.

LE GRAND-PRESTRE.

A la mort le Prince eſt condamné.

ARTHESIS.

Ah! Barbares! mais non... cette horrible Sentence...
Non.... j'ai mal entendu... vous gardez le ſilence...
Parlez , de votre Roi qu'avez-vous ordonné ?

LE GRAND-PRESTRE.

Je l'ai dit à regret : le Prince eſt condamné.

ARTHESIS *après avoir jetté ſur eux le regard
du plus vif mépris.*

Qu'on le faſſe rentrer.

SCENE VIII.

ARTHÉSIS, AMÉNOPHIS; LES PRESTRES, GARDES.

ARTHESIS au Prince.

UN Arrêt parricide,
Abandonne vos jours aux fureurs d'un perfide,
Ces Monftres font armés du glaive de la loi,
Ils ofent s'en fervir pour égorger leur Roi.
Vous êtes condamné, Prince, votre grande ame
Entend, fans fe troubler, ce jugement infâme,
Et je faurai moi-même en ce moment affreux,
Ne rien faire éclater d'indigne de tous deux.
   (aux Juges.)
Oui *... laiffez-nous.

---

* Il faut qu'en difant ce couplet on voie que la douleur la
gagne par degrés.

SCENE IX.

ARTHÉSIS, AMÉNOPHIS.

ARTHESIS.

MEs pleurs inondent mon visage,
J'ai senti qu'ils alloient démentir mon courage;
J'ai dû leur épargner des témoins odieux ;
Mais je puis sans rougir être foible à tes yeux.

AMENOPHIS.

Verse tes pleurs au sein d'un Amant qui t'adore,
Et n'a plus qu'un moment à te le dire encore,
C'est à les essuyer que je veux occuper
Les rapides instans qui nous vont échapper.

ARTHESIS.

Ah ! Prince....

AMENOPHIS.

Pénétré de ta douleur extrême,
O, ma chere Arthésis, je m'attendris moi-même,
Tandis que mon amour cherche à te consoler,
Je sens que ma constance est prête à s'ébranler,
Ah!quoiqu'à ta pitié mon cœur trouve des charmes,
Je deviendrois trop foible à voir couler tes larmes,

Des pleurs, même, des pleurs échappent 'de mes
 · yeux,
C'en eft trop... j'en rougis.... terminons nos adieux.

ARTHESIS.

Vas, des pleurs d'un Héros l'humanité s'honore,
Un grand homme fenfible en eft plus grand encore.

AMENOPHIS.

D'un Barbare aifément je brave les fureurs,
Mais, ma chere Arthéfis, tu m'aimes & je meurs.

ARTHESIS *vivement.*

Je t'aime & nous mourons.

AMENOPHIS.

    Vis ... mais je vois ce Traître;
Je fens ma fermeté toute entiere renaître,
Et toi cache fur tout tes larmes à Sofis.

ARTHESIS.

Ah! malgré mon amour ne crains pas qu'Arthéfis,
Aux pieds de ce cruel indignement s'abbaiffe,
Et qu'y faifant parler la douleur qui me preffe,
Je cherche par mes pleurs, envain, à l'attendrir,
Je ne fais plus pleurer, mais je faurai mourir.

SCENE X.

SCENE X.

ARTHÉSIS, AMÉNOPHIS, SOSIS.

SOSIS *qui a entendu les derniers vers.*

EH bien, Madame, il faut m'expliquer sans mif-
   tere,
Le Prince a contre lui le meurtre de mon Frere,
Sa naiffance, fes droits & fur-tout votre amour :
Ma sûreté, mon cœur tout exige en ce jour
Que je livre au trépas un Rival que j'abhore,
Je pourrai cependant lui faire grace encore.

AMÉNOPHIS.

A ton Roi! toi Tyran ?

SOSIS.

          Loin des rives du Nil,
Loin de vous il vivra, Madame.

ARTHESIS.

             Que faut-il.

SOSIS.

Vous & moi nous jurer une foi mutuelle...
Vous ne répondez point....

                    F

ARTHESIS à *Aménophis.*

Quelle mort plus cruelle,
Sa rage contre nous pourroit-elle inventer ?
(*se tournant vers Sosis.*)
Non.

AMÉNOPHIS.

Je n'avois pas craint de vous voir hésiter.

ARTHÉSIS.

Va, je ne ferai point à tous deux cet outrage :
Je l'avouerai, ta mort étonne mon courage,
Je t'aime, mais cher Prince, & tes jours & les
　　miens
Seroient trop achetés par d'indignes liens.
Aux destins d'un Tyran l'himen m'avoit unie ;
Mais ce qui, pour sauver mon Pere & ma Patrie
Fut grandeur d'âme alors & générosité
Deviendroit aujourd'hui foiblesse & lâcheté.
Prince, il vaut mieux mourir qu'être indignes de
　　vivre.

SOSIS.

Ainsi, donc....

ARTHESIS *au Prince.*

Ne crains pas que je tarde à te suivre.

AMÉNOPHIS.

Vivez.

ARTHESIS.

Epargne-toi cet effort importun,
Et par un fentiment moins foible & moins com-
    mun,
Fais voir que dans une ame & généreufe & belle,
L'Amour n'infpire rien que d'élevé comme ellè.
La mort n'eft point un mal... non... puifqu'il èft
    des Dieux,
Et que le fcélérat la donne au vertueux.

SOSIS.

Madame.....

ARTHESIS à Sofis.

Et toi, tandis que la vangeance apprête
Le glaive menaçant fufpendu fur ta tête,
Vis pour fentir en toi, pour lire dans ton cœur
Ce que tu dois caufer de mépris & d'horreur.

SOSIS.

Ah! c'eft trop endurer & trop long-tems me taire,
Vous le voulez, eh bien, il faut vous fatisfaire;
Et puifqu'envain fa grace eft offerte à vos vœux,
Madame, il va périr.

ARTHÉSIS.

Nous périrons tous deux.

F ij

SOSIS.

Non c'eſt trop vous flatter d'une eſpérance vaine,
Il mourra, vous vivrez : Gardes, qu'on le remene ;
Et que tout pour ſa mortſoit prêt dans peud'inſtans.

AMÉNOPHIS.

Adieu, Madame. ..

ARTHÉSIS.

Vas, ce n'eſt pas pour long-tems ;
Je te ſuivrai bien-tôt, & malgré ce Barbare,
La mort nous rejoindra, ſi la mort nous ſépare.

Fin du quatriéme Acte.

ACTE V.

SCENE PREMIERE.

NEPHTÉ, RAMESSES.

NEPHTÉ.

LE croirai-je , grands Dieux ? jour affreux qui
   m'a luï !
Sofis regne par moi, je périrois par lui ?
Sur le front d'Arthéfis il ceindroit la Couronne !
Mais d'où peut naître en vous un zèle qui m'étonne?
Quel intérêt vous parle en faveur de Nephté ?
Rameffes à quoi dois-je....

RAMESSES.

              A la néceffité,
Je ne veux point pour vous me parer d'un faux zèle,
Votre intérêt, ici, n'eft point ce qui m'appelle,

Madame, sans détour il faut me découvrir,
Je sers Aménophis.

NEPHTÉ.

Qu'entens-je.

RAMESSES.

Il va périr.

La Garde du Palais dépend de votre Frere,
Et je sçais que pour vous il est prêt à tout faire,
Un gros d'amis du Prince assemblés en secret,
Craint de se perdre en vain par un zèle indiscret,
Mais ces mêmes amis que sa prison arrête,
Oseront tout pour lui s'il paraît à leur tête,
Ordonnez, & Méphrès ouvrira sa prison,
Prévenez de Sosis l'affreuse trahison,
Pour vous sauver vous-même il n'est point d'autre
    voie,
Je vois tout le danger du moyen que j'employe;
Mais sur votre intérêt je puis m'en reposer,
Et quand tout est à craindre il reste à tout oser.

NEPHTÉ.

Du soin de me vanger, fiez-vous à ma rage;
Mais je n'ai contre lui que votre témoignage;
Et vous m'êtes suspect.

RAMESSES.

Je ne puis le nier

Oui, vous avez raison de vous en défier ;
Mais aussi dans ce cas exiger l'évidence,
C'est vouloir que Sofis ait manqué de prudence :
Sans m'en croire, Madame, avec légéreté,
Sans demander, non plus, une entiere clarté,
Daignez consulter.

NEPHTÉ.
Qui ?

RAMESSES.

La conduite du Traître.
Lorsque de l'Assassin Sofis s'est crû le Maître,
N'eut-il pas à l'instant dû le faire immoler ?
Mais il vouloit vous perdre en le faisant parler :
Avant que pour le Prince il pût le reconnaître
Aux regards de la Reine il l'avoit fait paraître,
Espérant qu'à l'aspect des horreurs de son sort
Cet homme intimidé vous nommeroit d'abord.

NEPHTÉ.

Ah ! je n'en doute plus, & moi-même frappée,
J'avois eu de soupçons l'ame préoccupée ;
Mais Dieux ! avec quel art sous un appas trompeur
Il m'a de ses desseins dérobé la noirceur ?

RAMESSES.

Je sais que seule admise à l'honneur de sa table,
Il vient de vous offrir la coupe respectable ;

De la foi de nos Rois gage augufte & facré,
Mais fur ce gage envain le perfide a juré
Contre vous ou le fer ou le poifon s'apprête,
De votre himen, demain il ordonne la fête,
Mais le coup aujourdhui doit vous être porté,
Si cependant encor il ne l'a pas été...
Et vous avez déja payé bien cher peut-être
Le dangereux honneur que vous a fait le Traître.

NEPHTÉ.

Le Barbare auroit pû.... ce feroit là le prix...
Une foudaine horreur a glacé mes efprits...
Vil inftrument d'un monftre en me livrant au
    crime,
J'en étois le jouet, & j'en fuis la victime;
Ah ! Dieux !... quel parti prendre en cet affreux
    revers ?
Voyons Méphrès...

RAMESSES.

      Songez que les momens font chers;
Qu'à trop délibérer l'inftant d'agir échappe,
Et qu'aux coups imprévûs dont le deftin nous
    frappe,
Un cœur que rien n'abbat met à les détourner,
Le tems qu'un foible cœur perd à s'en étonner.

NEPHTÉ.

Le Traître !... ses projets lui deviendront funestes,
O trône ! je te perds, vengeance tu me restes.

(*Elle sort.*)

RAMESSES *seul*.

Allons,... mais Arthésis s'avance dans ces lieux.

SCENE II.

ARTHÉSIS, RAMESSES.

ARTHÉSIS.

EH bien, cher Ramesses....

RAMESSES.

Le tems est prétieux,
De tout ce que j'ai fait je ne puis vous instruire,
Tout ce qu'en peu de mots Ramesses peut vous dire
C'est qu'il restoit, Madame, un moyen dangereux
Et que je l'ai tenté : l'effet en est douteux,
S'il trompe mon espoir, j'ai pour ressource extrême
D'immoler le Tyran & de périr moi-même.

ARTHÉSIS.

Ah ! trop fidéle ami....

SCENE III.

UN OFFICIER, ARTHÉSIS, RAMESSES.

L'OFFICIER.

Ramesses, suivez-moi,
Il faut dans le moment vous rendre auprès du Roi.

RAMESSES *à part.*

Cet ordre, je l'avoue, & m'étonne & me glace,
Suis-je trahi ? N'importe il faut m'armer d'audace,
    (*haut. à l'Officier avec qui il sort.*)
Je vous suis.

SCENE IV.

ARTHÉSIS *seule.*

Malheureux ! on aura tout appris,
De sa fidélité la mort sera le prix ;
Tout espoir m'est ravi par un coup si funeste,
Ah ! ce fer désormais est tout ce qui me reste ;

Mais grace à ce poignard, tranquille sur mon sort,
Je ne puis soutenir l'image de ta mort
Cher Prince ! en ce Palais où je suis retenue,
Sans cesse tout sanglant tu t'offres à ma vûe,
Tes regards expirans se tournent vers ces lieux,
Tu nommes Arthésis, tu lui fais tes adieux,
De tes derniers soupirs l'amour est encor maître ;
Ah ! j'ai pû te sauver.... je le devois peut-être
A l'himen de Sosis, il falloit consentir...
Qui, moi ! j'écouterois un honteux repentir !
Non,... je le désavoue... & la douleur m'égare,
De sa mort, cependant, l'appareil se prépare,
Il va périr, eh bien, ne le suivrai-je pas ?
Son sort sera le mien... sans doute, mais hélas !
Insensible pour soi, l'est-on pour ce qu'on aime ?
Un cœur eut-il poussé la constance à l'extrême ?
Peut-on voir sans frémir le moment abhorré
De la destruction d'un Objet adoré !

SCENE V.

ARTHÉSIS, IPHISE.

ARTHÉSIS.

QUE viens-tu m'annoncer ? Eh bien eft-ce à cette
heure,
Qu'Aménophis expire ? Eft-il tems que je meure,
Iphife ?

IPHISE.

Tout efpoir n'eft pas encor perdu,
Madame....

ARTHÉSIS.

Quel efpoir, Iphife, que dis-tu ?

IPHISE.

Le fort du Prince encor pourroit changer de face,
On venoit d'élever l'échaffaut dans la place :
A ce fpectacle affreux le peuple en foule accourt,
Il fait d'abord entendre un frémiffement fourd;
L'horreur & la pitié de plus en plus l'excitent,
Les flots du peuple ému de toutes parts s'agitent,
Se pouffent l'un fur l'autre au pied de l'échaffaut :
L'orage déja gronde & tonnera bien-tôt;

Oui, pour me rendre ici quand j'ai quitté la place,
Tout y retentiſſoit du cri de la menace
Madame, & pour frapper un coup plus éclatant,
Les Dieux vangeurs, ſans doute, attendoient cet
   inſtant.

ARTHÉSIS.

Non,...mon ame à l'eſpoir ne laiſſe plus d'entrée,
D'Aménophis, hélas ! la perte eſt aſſurée ;
Et ce peuple ſans chef qu'anime un vain tranſport,
Le laiſſera périr en déplorant ſon ſort,
Ce Monſtre en l'immolant conjurera l'orage,
Secourez ce Héros, Dieux dont il eſt l'image.

IPHISE.

Soſis paroît.

ARTHÉSIS.

D'horreur tous mes ſens ſont émus,
Sans doute, c'en eſt fait, cher Prince, tu n'es plus ;
Dieux, vous l'avez permis ... mais ce Monſtre s'a-
   vance.

SCENE VI.
SOSIS, ARTHÉSIS, IPHISE.

ARTHÉSIS.

QUe m'annonce, tyran, ta funeſte préſence.

SOSIS.

Vous me bravez , Madame , & je vois votre es-
  poir,
Le peuple pour le Prince a paru s'émouvoir ;
Et voilà contre moi d'où vous naît tant d'audace ,
Mais c'est trop vous flatter : tandis que dans la place
Du Prince condamné le spectacle attendu ,
Tient ce peuple attendri, vainement suspendu ;
Qu'il montre en sa faveur une pitié frivole ,
Je viens en sa prison d'ordonner qu'on l'immole.

ARTHÉSIS.

Ah ! Barbare... ô justice !... ô vengeance des Dieux!...
De ton horrible aspect ne souille plus mes yeux ;
Et dans ton cœur , bien-tôt puissent les Euménides
Secouer leurs flambeaux vangeurs des parricides ;
Sur un trône de sang puissent-elles asseoir
A tes côtés la rage & l'affreux désespoir !
Fuis, dis-je de mes yeux, vas, Monstre que j'abhorre...

SCENE VII.

NEPHTÉ *soutenue de Palmis,* ARTHÉSIS,
SOSIS, IPHISE.

NEPHTÉ à *Arthésis.*

SAUVEZ Aménophis , s'il en est tems encore ,
Madame.

ARTHÉSIS.

Le fauver ! Dieux ! eh , par quel moyen ?
Prifonniere en ces lieux , hélas ! je ne puis rien ;
Ce Barbare... mais Ciel ! en quel état , Madame...

NEPHTÉ.

De mes jours le poifon a dévoré la trâme,
Un traître....

SOSIS.

Quel eft-il ?

NEPHTÉ.

Tu feins de l'ignorer ,
Puiffent les Dieux vangeurs que je n'ofe imploret ;
Et dont par toi j'éprouve aujourd'hui la juftice,
Aux maux que je reffens égaler ton fupplice.

SOSIS.

Ah ! croyez.

NEPHTÉ.

Laiffes-moi , tu fais de vains efforts ,
Je fais tout , & ta feinte irrite mes tranfports ;
Tu les redoûte peu , mais je t'ai fait connaître ,
On eft inftruit de tout : puiffai-je , du moins , Traî-
tre ,
Ne pouvant me baigner dans ton fang odieux ,
Soulever contre toi les hommes & les Dieux !
La mort de votre Epoux , Madame , eft notre ou-
vrage.

ARTHÉSIS.

T'en accufer, Tyran, c'étoit te faire outrage.

NEPHTÉ.

En atteftant les Dieux de s'unir à mon fort,
Le Traître dans mon fein faifoit paffer la mort.

ARTHESIS.

Que d'horreurs.

NEPHTÉ.

Il triomphe, & par fa prévoyance,
Il a fçu prévenir & tromper ma vangeance,
Mon Frere étoit à craindre : un ordre l'a foudain
Fait partir de Memphis fous un prétexte vain ;
De la Garde du Prince, un autre .... ma foibleffe
Ne peut plus foutenir le tourment qui me preffe ;
Heureufe en expirant, fi le Prince fauvé....
Tremble encore, cruel, le peuple foulevé....

SOSIS *fortant de l'état de confufion où il eft
refté quelques momens.*

Vas, je redoute peu le tranfport qui l'infpire,
Meurs dans le défefpoir, Aménophis expire ;
Et dans ce moment même une fidéle main,
Rameffes plonge au Prince un poignard dans le fein.

NEPHTÉ *à part.*

Rameffes, a-t'il dit ? Dieux, ferois-je vangée ?

ARTHÉSIS.

ARTHESIS *à part.*

Dans l'abîme d'horreur où mon ame eft plongée

(on entend un grand bruit.)

Quel efpoir... mais quel bruit ! Ciel ! protéges fes
jours.

SOSIS *tirant un poignard.*

J'en vais , s'il vit encor , précipiter le cours...

ARTHÉSIS.

Le bruit redouble.... on vient.

NEPHTÉ.

Ciel ! remplis mon attente ,

*(Le fond de la Ferme s'ouvre , & on voit
Aménophis fuivi de Rameffes & d'un
gros d'Amis.)*

J'apperçois mon vengeur, Traître , je meurs contente.

(On emporte Nephté.)

C

SCENE VIII. & derniere.

AMÉNOPHIS, RAMESSES & sa suite
au fond du Théâtre, ARTHÉSIS
ET SOSIS sur le devant.

SOSIS.

Ramesses & le Prince ! ô trahison ! ô sort !
Mais dans mes mains du moins j'ai le prix de ma
mort,

*(Sosis leve le poignard sur le sein
d'Arthésis.*

Arrête, Aménophis...

AMÉNOPHIS.

Barbare !

SOSIS.

Je vais l'être,
Et puisque de ses jours le sort me laisse maître ;
Tout trahi que je suis, c'est à toi de trembler.

AMÉNOPHIS.

Que dis-tu, malheureux, tu pourrois immoler...

SOSIS.

Je sais qu'il faut périr, mais ma victime est prête,
Tout son sang va couler, regne à ce prix...,

AMÉNOPHIS.

Arrête;

En ce moment, grands Dieux ! qui me secourra ?

ARTHESIS *frappant Sosis.*

Moi...

Mon bras m'a bien servie, approche, fors d'effroi,
L'amour le conduisoit & nous rend l'un à l'autre;
Viens....

AMÉNOPHIS.

Eh, je vous dois donc, mon salut & le votre;
J'ai peine à respirer... ce fer levé sur vous...
Ce Monstre... Ah ! je frémis encor à vos genoux.

ARTHÉSIS *le relevant & le serrant dans*
ses bras.

Cher Prince !... mais au peuple allons montrer un
Maître,
Un Roi par le malheur rendu digne de l'être.
Que joint au droit du sang, un droit encor plus
saint,
Fasse chérir le Pere où le Tyran fut craint,

Que le bonheur public à mon bonheur réponde ;
Et que j'adore en toi le Bienfaiteur du monde.

FIN.

On achevoit d'imprimer cette Piéce , lorsque les Comédiens ont donné *Hypermeneftre*. Le cinquiéme Acte en eft fi vifiblement imité du mien , que je crois devoir un remerciment à l'Auteur de l'honneur qu'il a bien voulu me faire.

APPROBATION.

J'Ai lû par ordre de Monfeigneur le Chancelier, *la Tragédie* D'AMÉNOPHIS ; & j'ai crû qne l'impreffion en pouvoit être permife. A Paris le 9 Juin 1758.

TRUBLET.

Le Privilége & l'Enregiftrement de cette Piéce fe trouvent à la fin du Théâtre François.

De l'Imprimerie de BALLARD, feul Imprimeur du Roi pour la Mufique,& Noteur de la Chapelle de Sa Majefté , rue Saint-Jean-de-Beauvais , à Sainte Cécile.